김영화
만화를 그리는 사람. 그림을 그릴 때 정말 살아 있다고 느낀다. 유용한 지식을
감성적인 이야기가 담긴 글과 그림으로 풀어내는 데 관심이 많다.
1985년 경기도 안성에서 태어났고 2011년부터 만화를 그리기 시작했으며
이스라엘-팔레스타인 분쟁 문제를 다룬 『프로젝트 팔레스타인』,
마태복음을 만화로 풀어낸 『마태복음 뒷조사』를 출간했다.

김정선
20년 넘도록 잡지와 단행본의 문장을 다듬어 온 전문 교정자. 대학을 졸업하고
한 해를 일없이 놀다가 어렵게 구한 첫 직장이 조그마한 잡지사 『한국인』의
편집부였다. 그때가 1993년이었다. 이후로 교정지와의 질긴 인연이 시작되었다.
을유문화사 편집부를 거쳐 2000년부터는 외주 교정자로 문학과지성사,
생각의나무, 한겨레출판, 현암사, 시사인북 등의 출판사에서 교정 작업을 했다.
훌륭한 편집자를 많이 만나 그들에게 배워 가며 일하는 재미에 쉰을 앞둔
나이까지 교정지를 들여다보고 있다. 『동사의 맛』, 『내 문장이 그렇게
이상한가요?』와 『소설의 첫 문장』 등의 책을 썼다.

만화
동사의 맛

ⓒ 김영화 김정선 2017
이 책은 저작권법에 의하여 한국 내에서 보호를 받는 저작물이므로
무단전재와 복제를 금합니다. 이 책 내용의 전부 또는 일부를 이용하려면
저작권자와 도서출판 유유의 동의를 얻어야 합니다.

만화 동사의 맛

이야기 그림으로 배우고 익히는
우리말 움직씨

김영화 지음
김정선 원작

윤

머리말
동사, 이제 만학으로 공부하자

가끔 책을 읽다 보면 책 속 인물과 내용이 머릿속에
이미지로 두둥실 떠오른다. 그럴 때면 책에 더욱 몰입하게
되고 읽는 속도도 빨라져 시간이 어떻게 가는지 모른다는
말의 의미를 절실히 깨닫게 된다. 물론 그 이미지가
원작자의 생각과 완전히 다르다고 하더라도 그 순간만큼은
내게 아무런 문제가 되지 않는다. 누군가가 말했듯 신의
영역과 작가의 영역 그리고 독자의 영역이 있다면 나는
독자의 영역에 충실할 뿐이리라. 『동사의 맛』은 내게 그런
경험을 안겨 주었다.
어느 날 마음에 들어오는 한 줄의 문장, 아니 단 하나의
단어라도 얻고자 무작정 서점에 들어가서 책 사이사이를
기웃거리다 『동사의 맛』을 발견했다. 서가의 수많은 책 중
『동사의 맛』을 꺼낸 이유는 다름 아닌 제목 때문이었다.
잘못 생각하면 '얼어 죽은 무언가의 맛'이라고 생각될
정도로 으스스한 제목이 아닌가. 다행히 『동사의 맛』은

우리말 움직씨, 그러니까 동사에 관한 공부책이었다.
서점 구석에 모로 앉아 읽기 시작한 『동사의 맛』은 내게
신선한 충격을 주었다. 공부책이라면 마땅히 실질적인
쓸모만으로 채워져 있어야 하는데, 이 책은 마치 소설처럼
등장인물, 배경 그리고 사건 속에 동사를 녹여내 쉽고
친근하게 동사의 활용법을 알려 주고 있었다. 다시
말해 공부책임은 틀림없지만 소설로 읽기에도 충분한,
본격 스토리텔링 공부책이랄까. 그날 서점에서 발견한
『동사의 맛』은 내게 어떤 이미지를 떠올리게 했다. 이 책의
화자와 남자주인공 그리고 배경이 되는 종로구 사직동
일대였다. 『만화 동사의 맛』은 그렇게 시작되었다.
만화를 그리기 시작한 초반에 『동사의 맛』 원작자인 김정선
작가님을 만나 뵈었다. 작가님께 예시로 보내 드린 만화에
대해 여쭈어 보았는데 돌아온 답변이 충격이었다.
"화자를 여자로 바꿔서 그리셨네요?"
"네? 네……."
아니다. 바꿔서 그린 것이 아니라 단지 화자가 남자라고는
추호도 생각하지 못했을 뿐이다. 다시 말해 나는 글도
제대로 읽지 않은 채 제멋대로 작업을 진행한 셈이다. 이런
말도 안 되는 작업을 보여 드렸다는 생각에 잔뜩 주눅이

들어 있는 찰나에 작가님께서 "확실히 남자보다는 여자가
더 낫겠네요"라고 말씀해 주셔서 가슴을 쓸어내렸다.
사실 만화가로 계속 그림만 그리다 보면 쓰기나 읽기
그리고 한글 문법 같은 것을 놓치기 일쑤다. 그저 멋진
캐릭터와 장면 또는 연출에만 신경 쓴 나머지 대사나
문장에는 전혀 신경을 쓰지 않은 듯한 만화도 꽤 많다.
나 역시 글보다는 그림을 중시하는 만화가였으므로
이 일화는 내 만화 인생에 경종을 울리기에 충분했다.
지금까지 나는 거의 오독에 가까운 읽기를 해 왔던 것일까?
마음을 부여잡고 찬찬히 『동사의 맛』을 읽어 나가면서
내 근심은 점점 더 커다란 갈증으로 변해 버렸다. 머릿속이
더 읽고 싶고, 더 배우고 싶고, 더 단단히 쓰고 싶다는
생각으로 점철되었다.
평소 공부책을 딱딱하고 지루한 책이라고만 생각했던
독자들에게 이 만화가 글쓰기 공부에 입문하는 통로가 되면
좋겠다. 『동사의 맛』은 글쓰기를 업으로 삼거나 전문적으로
공부하는 사람만의 책이 아니다. 재미있는 이야기와
어우러진 동사와 그 기본형, 활용형을 접하다 보면
글쓰기에 익숙지 않은 독자도 어느새 자신이 쓴 어색한
문장을 스스로 가꾸고, 다듬을 수 있을 것이다. 마지막으로

만화를 다 보고 동사의 활용법에 대해 더 알고 싶다는 바람이 생긴다면 주저하지 말고 원작 『동사의 맛』을 읽어 보시길 바란다. 만화 『동사의 맛』은 지면 관계상 원작의 일부 에피소드만 다루었다.

부족한 만화를 책으로 만들어 보려고 찾아간 나를 내치지 않고 작업하는 동안 틈틈이 서울로 불러 밥도 사 주시고 좋은 말씀도 건네주신 원작자 김정선 작가님께 감사하다. 만화가 나오기까지 다방면으로 수고하신 유유출판사 분들께도 고맙다. 단 한 줄의 문장이라도 단단하게 쓰고 싶다고 생각하는 독자들에게 이 책이 작은 도움이 됐으면 좋겠다.

머리말
동사, 이제 만화로 공부하자
9

원작자의 말
만화의 맛
211

가다듬다／간추리다	15
같이하다／함께하다	23
뒤처지다／뒤쳐지다	30
늘러듣다／늘러보다	38
갑치다／깁다	45
꿈꾸다／꿈 깨다	55
닿다／대다	62
눕다／엎드리다	71
괴다／꾀다	86
나르다／날다	92
나타나다／내로라하다	100
떨구다／떨어뜨리다	106
벼르다／벼리다	116
부풀다／부풀리다	124
몰아붙이다／몰아세우다	132
죽어나다／죽어지내다	142
거스르다／거슬리다	148
닦다／닦달하다	155
해찰하다／헤살하다	162
얽어매다／옭아매다	170
척하다／체하다	182
빨다／빨다리다	189
우짖다／을부짖다	195
치다／-치다	203
희뜩거리다／희번덕거리다	206

가다듬다 / 간추리다

정신을 가다듬고

옷매무새를 가다듬고

목청을 가다듬는다.

그런가 하면 여기저기 널브러진 서류들을 간추리고

복잡한 생각을 간추린다.

'가다듬다'와 '간추리다' 모두 흐트러진 것을 바로잡거나 바르게 한다는 뜻을 지니지만

마음가짐이나 태도, 자세를 바로 할 때는 가다듬는다고 하고

가다듬다 [가다듬따]

❶ 정신, 생각, 마음 따위를 바로 차리거나 다잡다. ❷ 태도나 매무새 따위를 바르게 하다.
❸ 목청을 고르다. ❹ 숨을 안정되게 고르다. ❺ 흐트러진 조직이나 대열을 바로 다스리고 꾸리다.

생각이나 글의 내용, 물건 따위를 정리할 때는 간추린다고 한다.

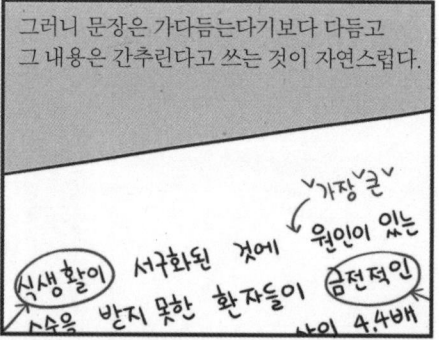

그러니 문장은 가다듬는다기보다 다듬고 그 내용은 간추린다고 쓰는 것이 자연스럽다.

간추리다 [간추리다]

❶ 흐트러진 것을 가지런히 바로잡다.
❷ 글 따위에서 중요한 점만을 골라 간략하게 정리하다.

삶의 태도는 물론 정신도 가다듬어야 할 때가 있다.

쉰을 코앞에 두고 문득 그런 생각이 들었다.

그와 더불어 이제까지 살면서 벌여 놓은 것들 또한 간추릴 때가 되었노라고.

남이 쓴 글을 손보고 다듬으며 살아오는 동안

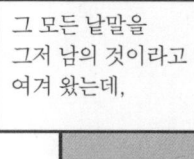

그 모든 낱말을 그저 남의 것이라고 여겨 왔는데,

과연 그럴까 싶다.

그렇게 나의 도서관 생활이 시작되었다.

같이하다 / 함께하다

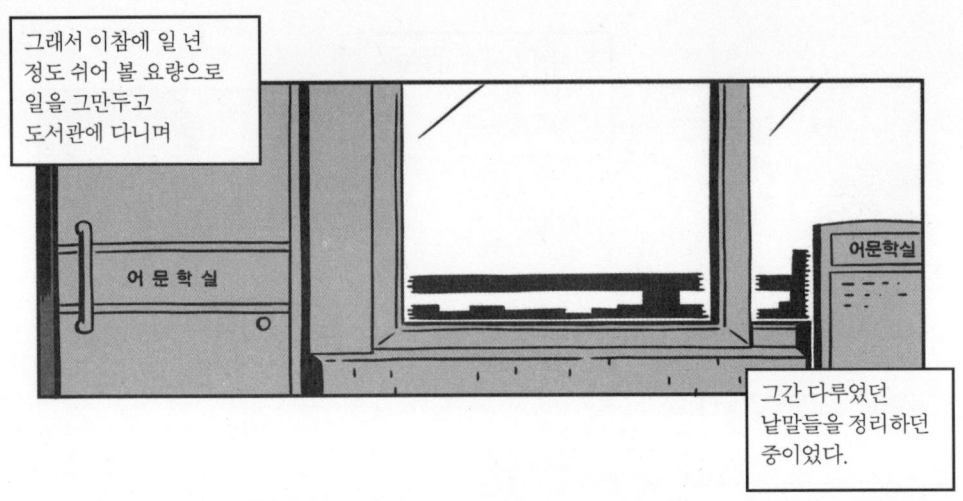

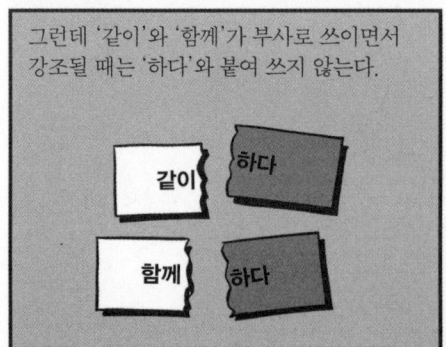

같이하다 [가치하다]
❶ 경험이나 생활 따위를 얼마 동안 더불어 하다.
❷ 어떤 뜻이나 행동 또는 때 따위를 서로 동일하게 취하다.

뒤처지다 / 뒤쳐지다

'뒤처지다'를 '뒤쳐지다'로 쓸 때가 많아 교정을 볼 때마다 자주 고치곤 한다.

적으로 첨단 시설이 좀 뒤쳐졌다. 하지만 많이 받는 시절에는 하나의 장애이기도

흠.

헷갈리지 않을 방법이 없을까.

낱말의 뜻을 살피면 그다지 헷갈릴 일도 없다. '뒤쳐지다'는 '뒤치다'에서 왔고

뒤치다 [뒤치다]
엎어진 것을 젖혀 놓거나 자빠진 것을 엎어 놓다.

'뒤처지다'는 '처지다'에서 왔다.

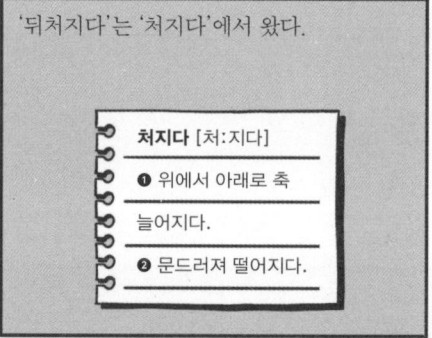

처지다 [처:지다]
❶ 위에서 아래로 축 늘어지다.
❷ 문드러져 떨어지다.

그러니 물건이 뒤집혀서 젖혀질 때는 '뒤쳐지다'라고 쓰고

뒤쳐지다

자꾸 뒤로 처질 때는 '뒤처지다'라고 써야 한다.

GOAL! 뒤처지다

톨스토이의 『전쟁과 평화』에서 볼콘스키가 그랬던 것처럼.

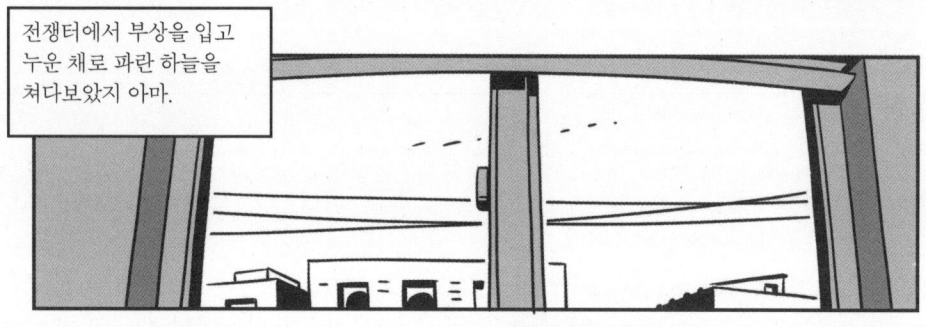

전쟁터에서 부상을 입고 누운 채로 파란 하늘을 쳐다보았지 아마.

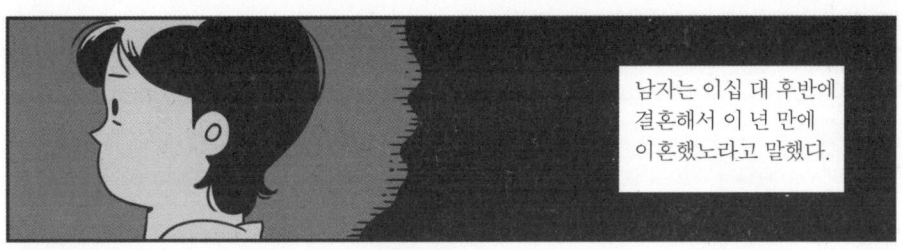

볼콘스키가 하늘을 보며 회한에 젖었듯, 허공만 바라보며 걷던 남자는

뒤쳐지고 뒤처져 버린 자신의 삶을 되돌아보던 것일까.

늘러듣다/늘러보다

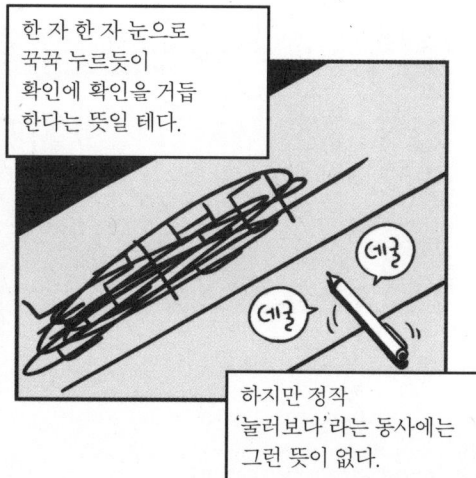

눌러보다 [눌:러보다]
❶ 잘못을 탓하지 않고 너그럽게 보다.
❷ 그대로 계속해서 보다.

말하자면 자신의 삶을 스스로 규정하는 데 쓰라고

내 삶을 빌려주는 셈이랄까.

그건 마치 낱말의 풀이가 또 다른 낱말들로 이루어지는 것과 다르지 않다.

사전을 보면 모든 낱말이 분명한 제 뜻을 갖고 있는 것 같지만

사실은 모두 다른 낱말에 기대고 있을 뿐 그 자체로는 이도 저도 아니다.

낱말들이 서로를 눌러보고 눌러들어 주지 않는다면

어떤 낱말도 제 뜻을 가질 수 없을 테니까.

삶 또한
그렇지 않을까.

다녀왔어요.

감치다 / 깁다

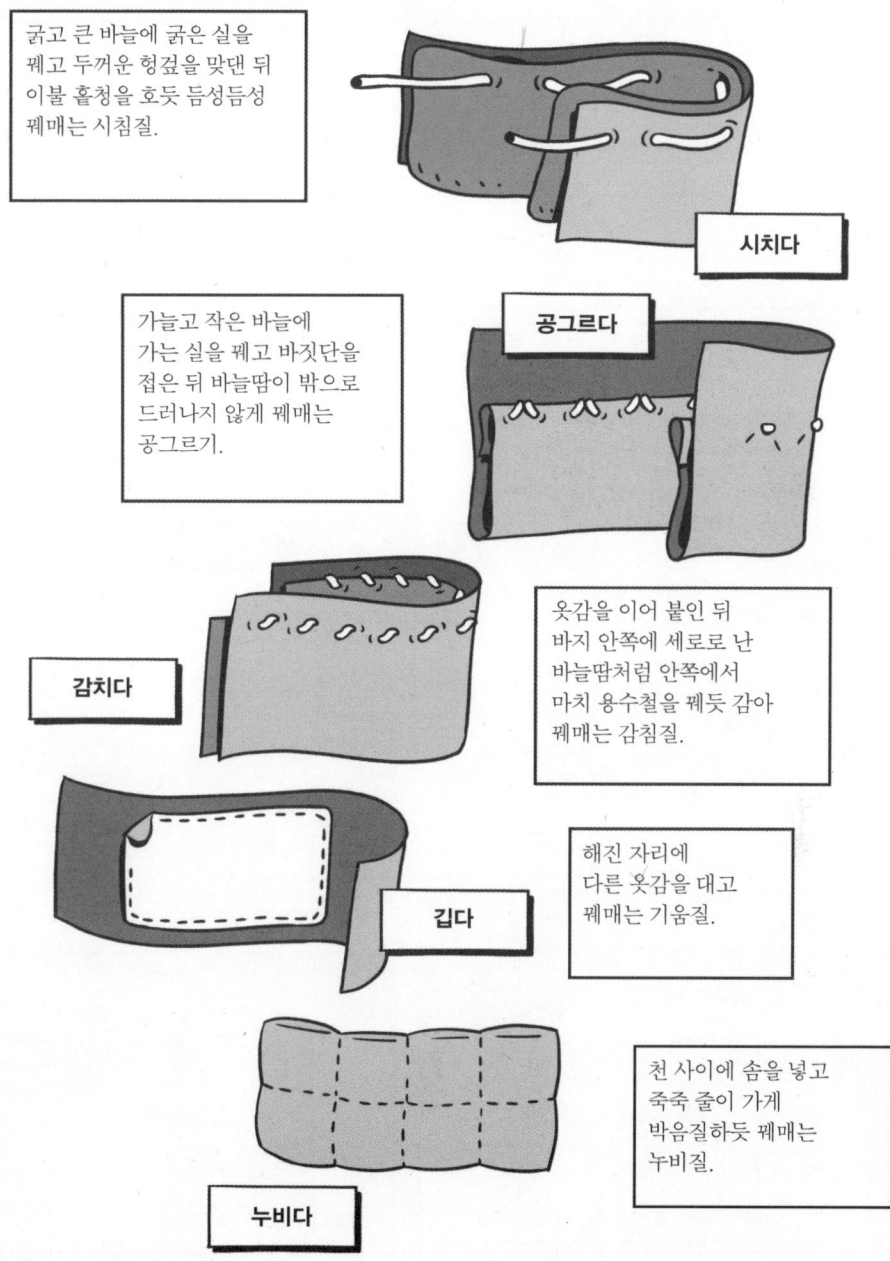

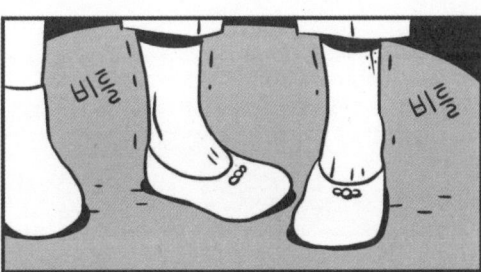

꿈꾸다／꿈 깨다

꿈은 꾸기도 하고
깨기도 한다.

'꿈꾸다'는 붙여 쓰고
'꿈 깨다'는 띄어 쓴다.

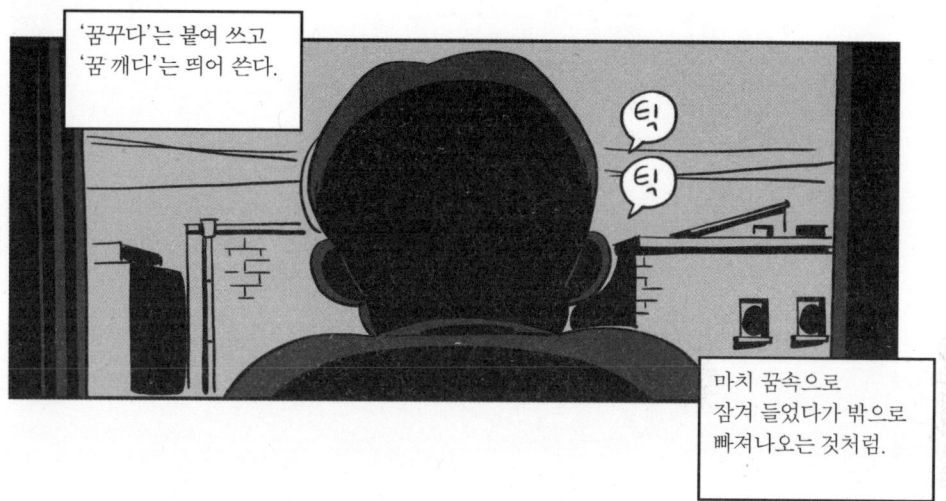

마치 꿈속으로
잠겨 들었다가 밖으로
빠져나오는 것처럼.

하루짜리 여행을
꿈꾼 적이 있다.

비행기를 타고
새벽 어스름에
체코 공항에 내려

바로 택시를
잡아타고 프라하
시내로 향한다.

마치 처리해야 할 사무가 남은 것처럼 관공서와 보험 회사에서 번호표를 받아 차례를 기다리며 홍보용 잡지를 뒤적거리기도 하고

출판사 영업 사원처럼 서점을 찾아 판매대에 쌓인 책들을 이리저리 훑어보기도 한다.

점심을 먹고는 근처 공원을 산책한 뒤 버스를 타고 시내를 한 바퀴 돈다.

서점에서 산 책, 쿤데라의 『농담』을 천천히 읽으면서.

내가 하루 중 가장 좋아하는 오후 4시 무렵, 적당한 피로와 적당한 허기 그리고 적당한 권태가 찾아드는 그 시간에

광장을 어슬렁거리다가 일몰이 찾아들 즈음,

강 저편에서 이쪽으로 다리를 건너 퇴근하는 차량들을 무심히 바라보고는

닿다/대다

둘만은 어떤 것보다 선명했노라고.

닿다 [다:타]
① 어떤 물체가 다른 물체에 맞붙어 사이에 빈틈이 없게 되다.
② 어떤 곳에 이르다.
③ 소식 따위가 전달되다.

대다 [대:다]
❶ 무엇을 어디에 닿게 하다. ❷ 어떤 도구나 물건을 써서 일을 하다.
❸ 차, 배 따위의 탈것을 멈추어 서게 하다. ❹ 돈이나 물건 따위를 마련하여 주다.
❺ 무엇을 덧대거나 뒤에 받치다. ❻ 어떤 것을 목표로 하여 총, 호스 따위를 겨냥하다.

눕다 / 엎드리다

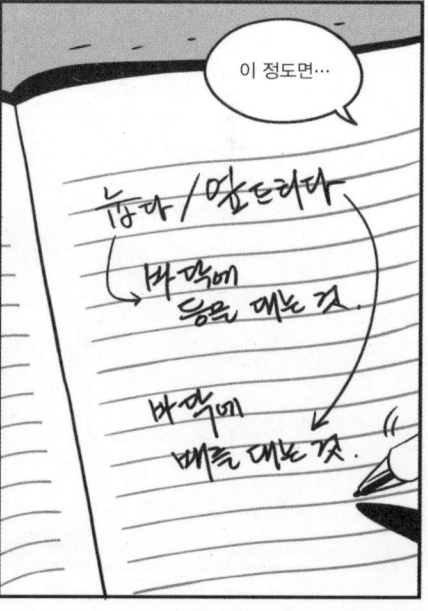

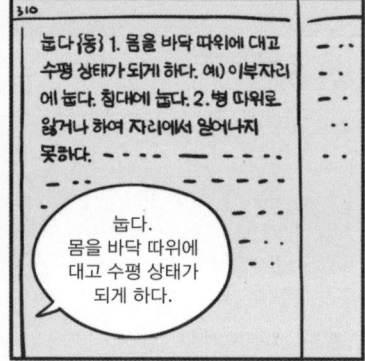

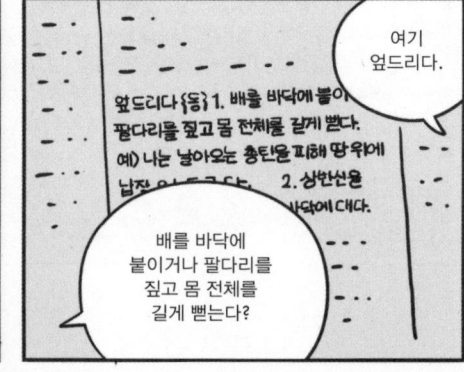

결국 엎드리는 상태를
정확하게 묘사할 때를
빼고는

대부분 '눕다'를 써도
큰 무리는 없는 셈이다.

'드러눕다'나 '등을
바닥에 대고 누웠다'
또한 중언부언이 될
이유가 없고.

괴다/꾀다

'괴다'에는 뜻이 많다.

괴다 [괴:다 / 궤:다]
1. 물 따위의 액체나 가스, 냄새 따위가 우묵한 곳에 모이다.
2. 입에 침이 모이거나 눈에 눈물이 어리거나 하다.
3. 술, 간장, 식초 따위가 발효하여 거품이 일다.
4. 화가 나거나 억울하거나 하여 속이 부글부글 끓는 듯하다.
5. 사람이 많이 모이거나 하여 북적거리다.
6. 기울어지거나 쓰러지지 않도록 아래를 받쳐 안정시키다.
7. 의식이나 잔칫상에 쓰는 음식이나 장작, 꼴 따위를 차곡차곡 쌓아 올리다.
8. 웃어른의 직함을 받들어 쓰다.

대개 '모이다, 어리다, 맺히다, 받치다, 쌓다' 등의 뜻으로 쓰이니 동사 하나에 참으로 다양한 뜻이 괴어 있는 셈이다.

흔히 책상다리를 괴고 손바닥으로 턱을 괸다고 말할 때 쓰는 '괴다'는

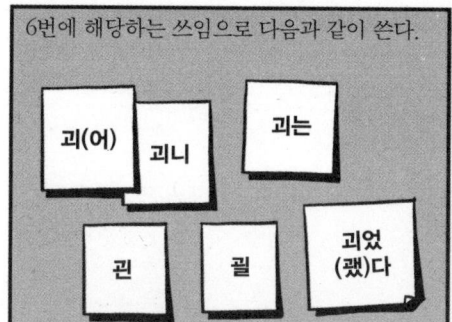

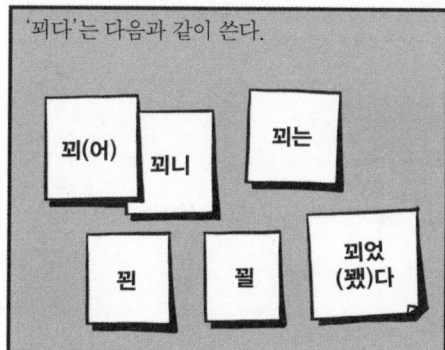

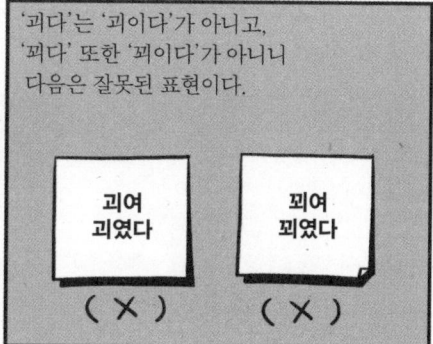

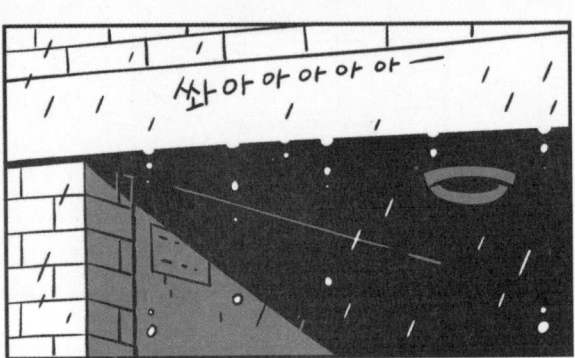

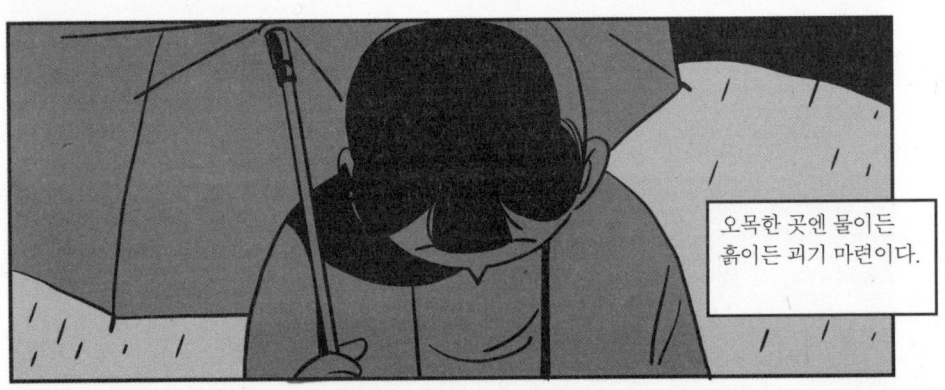

사람의 마음 또한 그렇게 오목해질 때가 있는 모양이다.

마음속에 무언가 괴어 흘러넘칠 것만 같을 때가 있으니까.

나르다 / 날다

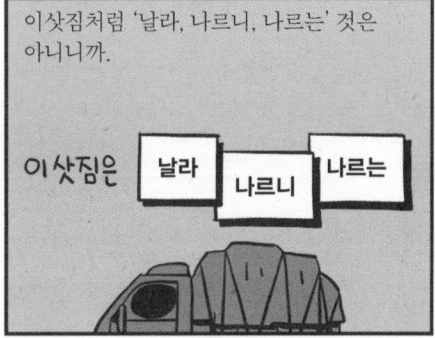

도서관에서 나와 하늘을 올려다보니 매지구름이 낮게 깔려 어두운 하늘 아래 무언가 날고 있었다.

나타나다 / 내로라하다

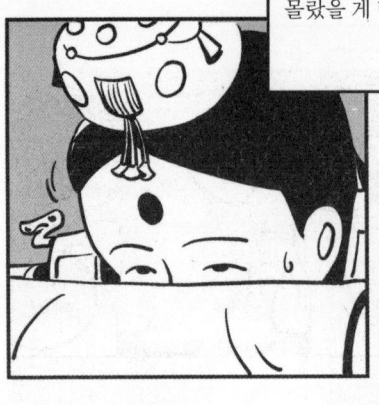

초례청에서 마주하기 전까진 할아버지의 존재조차 몰랐을 게 빤한 할머니로서는

할아버지가 당신 앞에 떡하니 나타난 게 아니고 뭐겠는가.

인연을 맺는다는 공허한 표현보다 훨씬 정확하고 맛깔나는 표현이다.

'내로라하는'은 옛말 '나이로라하는'의 형태가 오늘날까지 이어져 내려온 말이다.

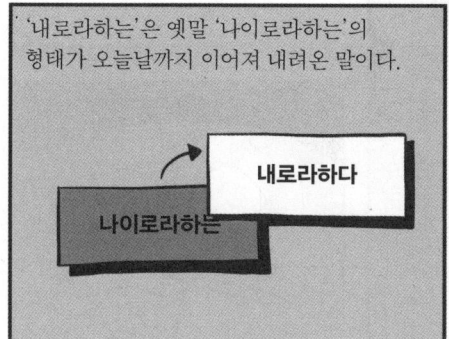

말하자면 '내가 왔다'라고 말할 수 있는 사람이랄까.

흔히 '내노라하는'이라고 쓰는데

자동차 계에서 내노라할 만한 성능을 지닌 SRT-8은 456마력에 6.1리터 8기통의 HEMI 가솔린 엔진을 장착했다.

이는 뭘 자꾸 달라고 하는 격이거니와 어법에도 맞지 않는다.

↗ 내로라할
자동차 계에서 내노라할 만한 성능을 지닌 SRT-8은 456마력에 6.1리터 8기통의 HEMI 가솔린 엔진을 장착했다.

내로라하다 [내로라하다]
어떤 분야를 대표할 만하다.

떨구다 / 떨어뜨리다

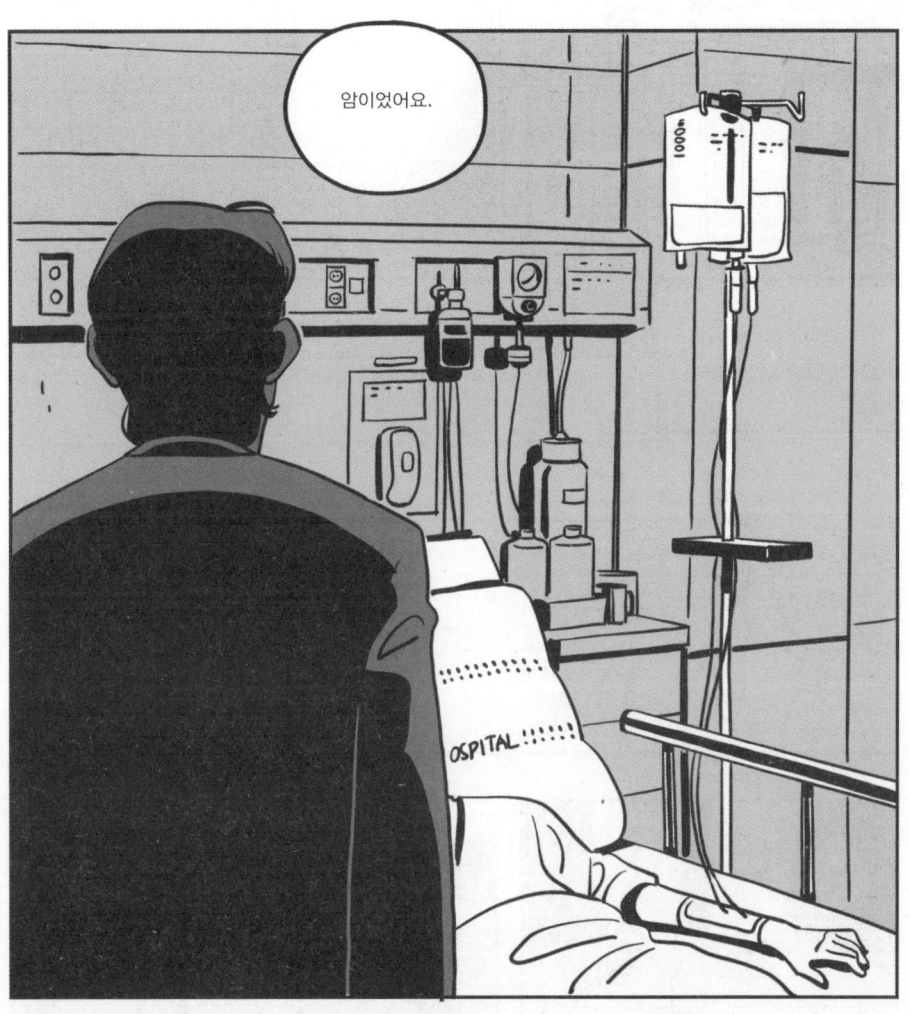

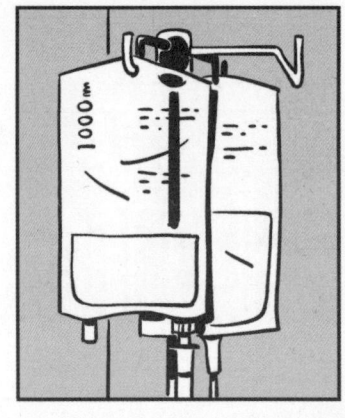

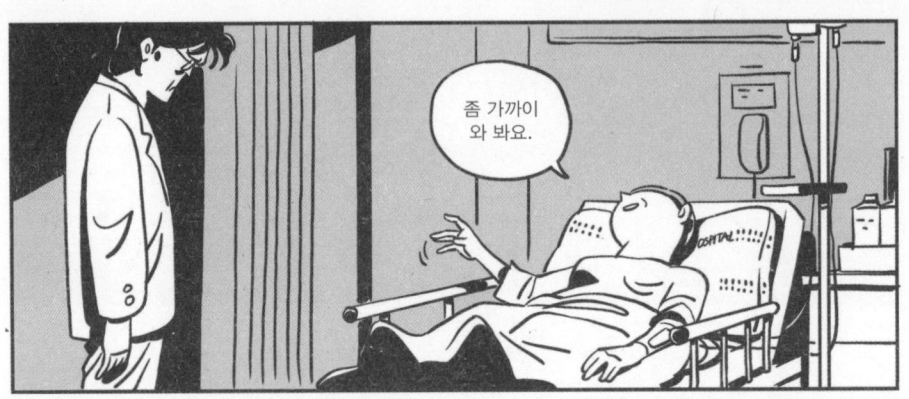

무사는 칼을 벼릴 때마다 억울하게 죽은 동생의 원수를 갚고야 말겠노라고 벼르곤 했다.

벼르다

연장을 불에 달구어 망치로 두드려서 날을 세우는 걸 벼린다고 한다.

벼리다

요즘은 조직폭력배가 아닌 다음에야 연장 운운할 일이 없을 테니

아그들아 연장 챙겨라~

마음을 단단히 여미는 것도 벼린다고 할 수 있겠다.

벼리다 [벼리다]
❶ 무디어진 연장의 날을 불에 달구어 두드려서 날카롭게 만들다.
❷ 마음이나 의지를 가다듬고 단련하여 강하게 하다.

활용형: 벼려, 벼리니, 벼리는, 벼린, 벼릴, 벼렸다

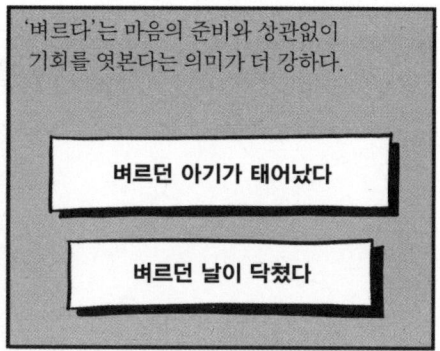

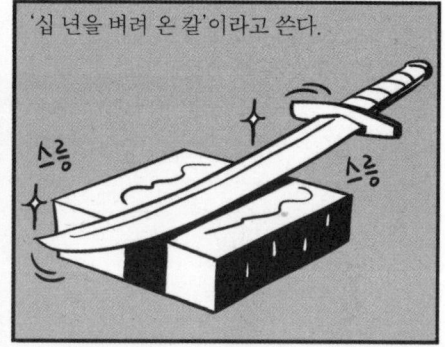

벼르다 [벼르다]

어떤 일을 이루려고 기회를 엿보다.

활용형: 별러, 벼르니, 벼르는, 벼른, 벼를, 별렀다

부풀다 / 부풀리다

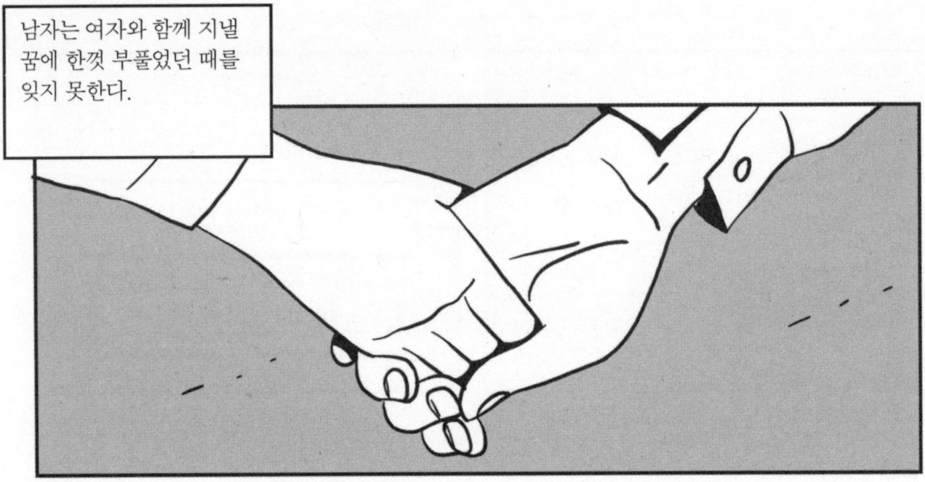

남자는 여자와 함께 지낼 꿈에 한껏 부풀었던 때를 잊지 못한다.

부푼 꿈은 말 그대로 부풀린 빵처럼 맥없이 꺼져 버리고 말았지만,

그래도 살면서 가장 행복한 시간이었노라고 남자는 말했다.

천원숍에서 앙증맞은 컵이며 그릇 따위를 구경하기도 하고

입이 심심하면 하드 하나씩 물고 부푼 마음으로 둘만의 거처로 돌아오는 시간을 꿈꾸었더랬다.

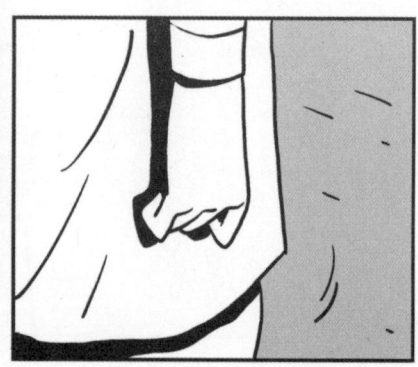

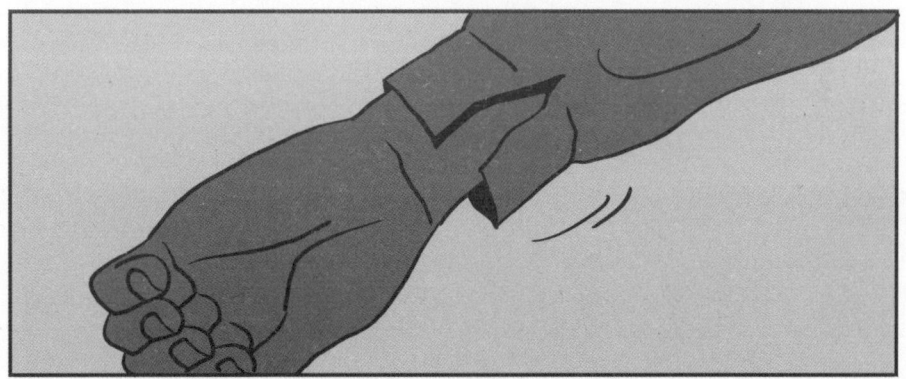

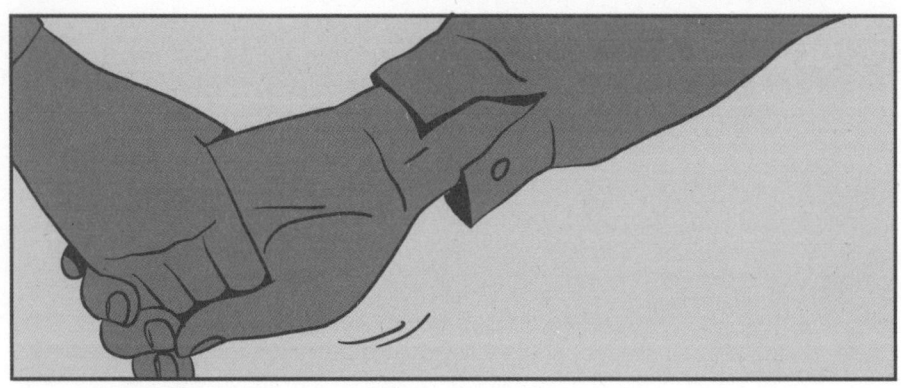
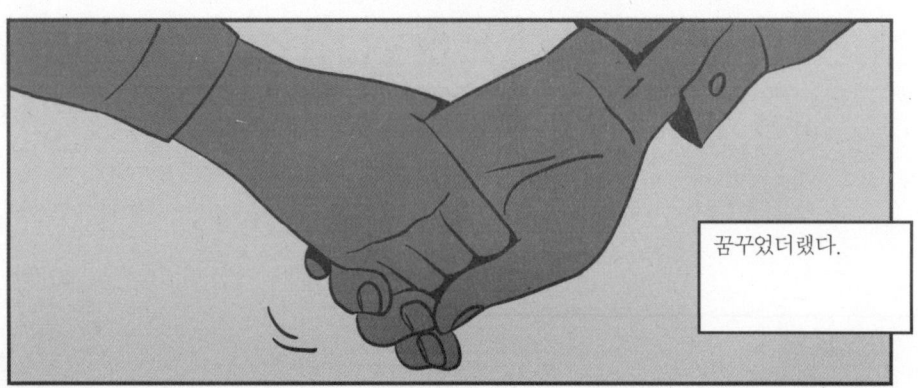

현실에 부딪혀 맥없이
사그라진 꿈을 내가
다시 부풀리는 것 같아
조심스러웠다.

남자는 더 이상 말을 잇지 못하고 도서관 건너편 광화문 쪽으로 시선을 돌렸다.

몰아붙이다 / 몰아세우다

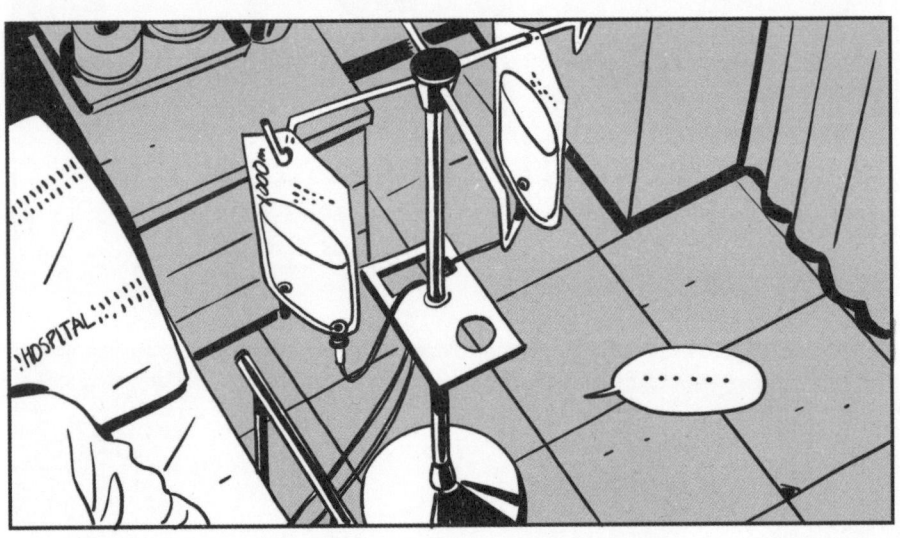

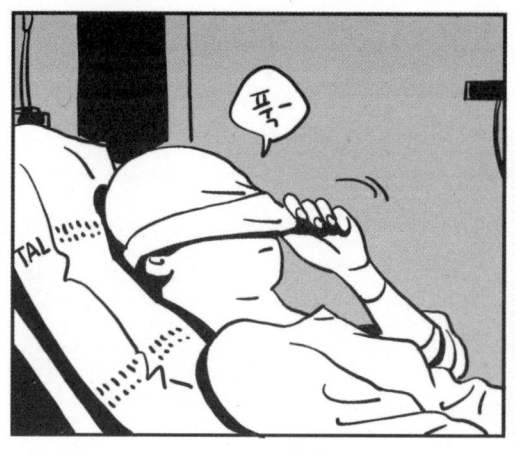

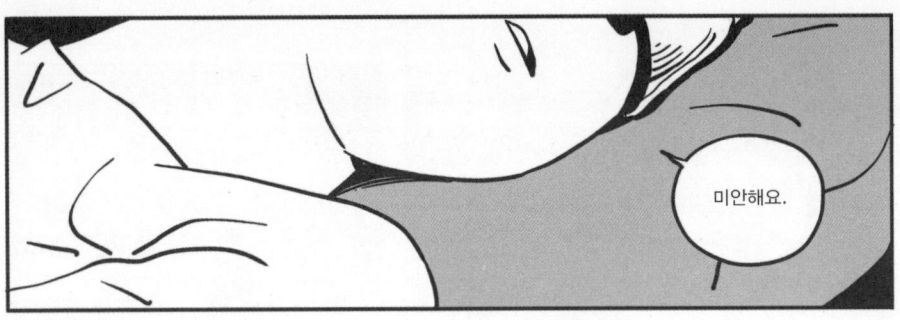

굳이 가린다면 구석으로 몰아붙이거나 궁지로 몰아붙이는 것이고

배신자로 몰아세우고 범인으로 몰아세우는 것이겠다.

몰아붙이다 [모라부치다]
❶ 한쪽 방향으로 몰려가게 하다. ❷ 남을 어떤 상황이나 방향으로 몰려가게 하다.

몰아세우다 [모라세우다]
❶ 잘잘못을 가리지도 않고 마구 다그치거나 나무라다. ❷ 한쪽으로 내몰다.
❸ 근거도 제대로 제시하지 않고 어떤 나쁜 처지로 몰아가다.

하긴 누군가 나를 다그치고 닦아세우는 상황이라면 몰아붙이는지 몰아세우는지를 가릴 처지가 아니겠다.

여자는 스스로를 몰아세우고 몰아붙였으니.

여자의 남편이 만나자고
했을 때 남자는 상대가
몰아붙이면 몰아붙이는 대로

몰아세우면 몰아세우는 대로
군말 없이 당할 각오를
하고 나갔다.

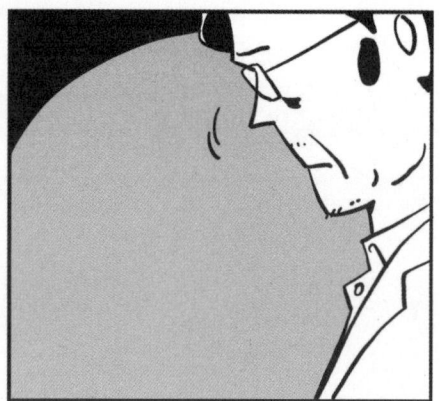

하지만 여자의 남편은
언성 한번 높이지 않았다.

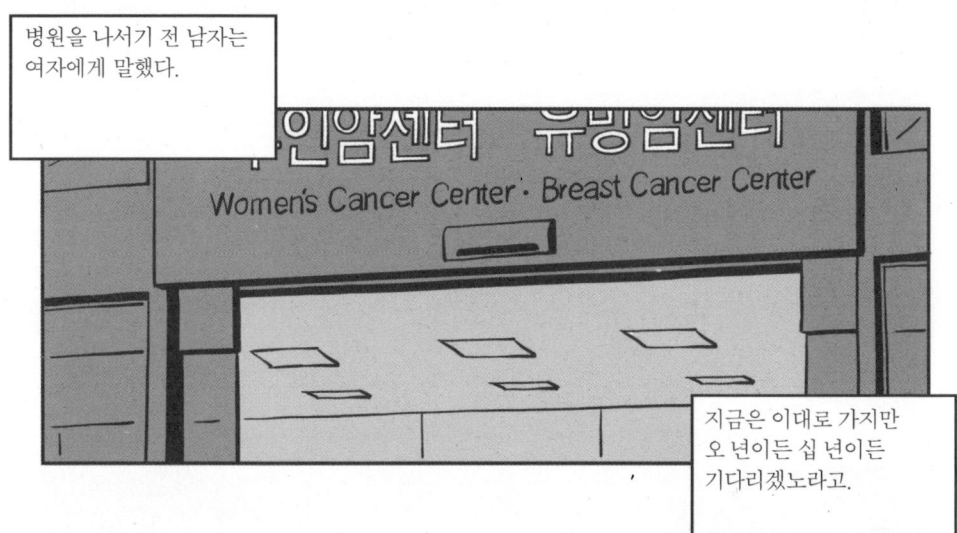

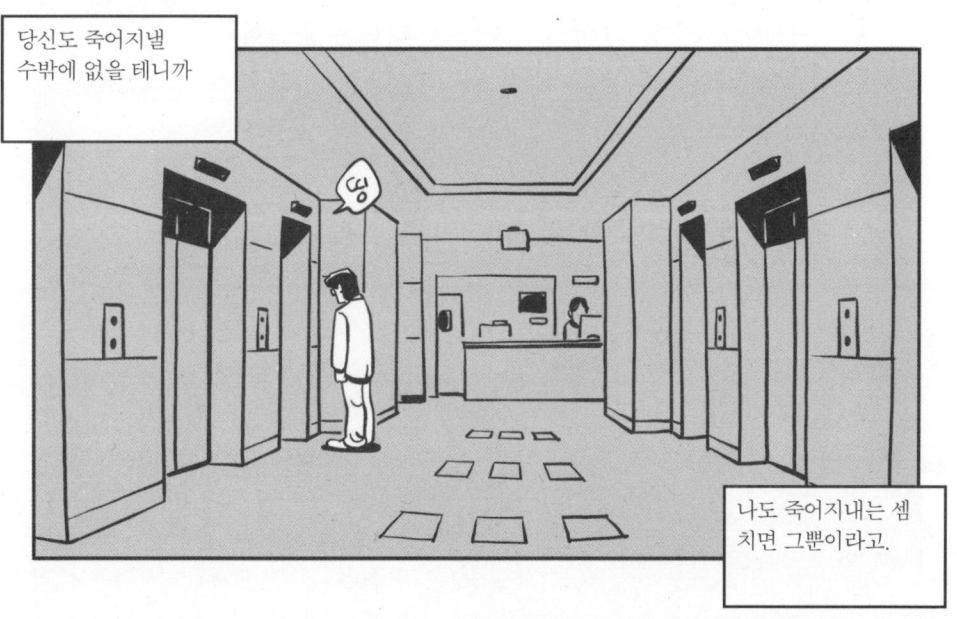

당신한테 달려갈 수 있을 테니까.

거스르다 / 거슬리다

거스르다 [거스르다]

❶ 일이 돌아가는 상황이나 흐름과 반대되거나 어긋나는 태도를 취하다.

❷ 남의 말이나 가르침, 명령 따위와 어긋나는 태도를 취하다.

활용형: 거슬러, 거스르니, 거스르는, 거스른, 거스를, 거슬렀다

거슬리다 [거슬리다]

순순히 받아들여지지 않고 언짢은 느낌이 들며 기분이 상하다.

활용형: 거슬려, 거슬리니, 거슬리는, 거슬린, 거슬릴, 거슬렸다

닦다 / 닦달하다

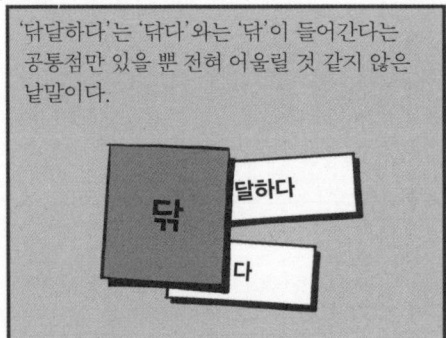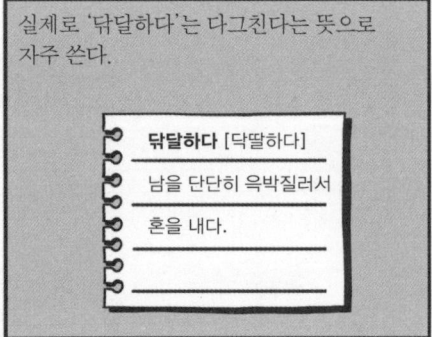

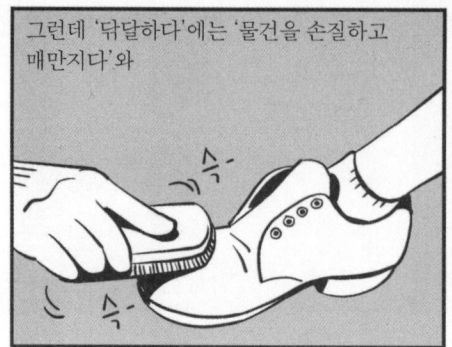

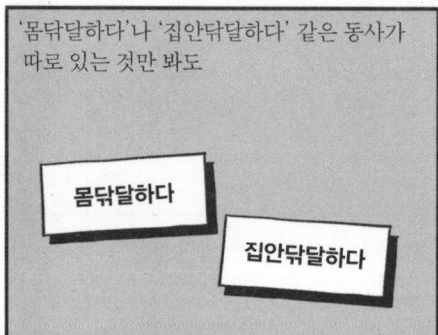

몸닦달하다 [몸닥딸하다]
몸을 튼튼하게 단련하기 위하여 견디기 어려운 것을 참아 가며 훈련을 받다.

집안닦달하다 [지반닥딸하다]
집 안을 깨끗이 치우다.

해찰하다 / 헤살하다

'해찰하다'는 '마음에 썩 내키지 아니하여 물건을 부질없이 이것저것 집적거려 해치다',

'일에는 마음을 두지 않고 쓸데없이 다른 짓을 하다'라는 뜻을 지닌 동사고

'헤살하다'는 '일을 짓궂게 훼방하다'라는 뜻을 지닌 동사다.

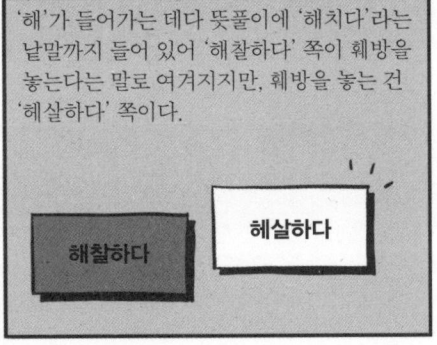
'해'가 들어가는 데다 뜻풀이에 '해치다'라는 낱말까지 들어 있어 '해찰하다' 쪽이 훼방을 놓는다는 말로 여겨지지만, 훼방을 놓는 건 '헤살하다' 쪽이다.

헤살은 생각도 없고
흥미도 느끼지 못하지만,
해찰은 나도 만만찮게
자주 하는 짓이다.

늘 잡생각에 빠져
멀거니 서 있는 것도
해찰한다고 할 수 있다면
말이다.

서로 말고는 누구의
삶에도 헤살을 놓지 않고

세상살이에 대해서는
해살을 부리면서

그저 함께 앉아
멀거니 비 오고 눈 내리는
모습을 바라볼 수 있기를

언젠가는 꼭 그럴 수
있기를 남자는 바랐다.

얽어매다 / 욖아매다

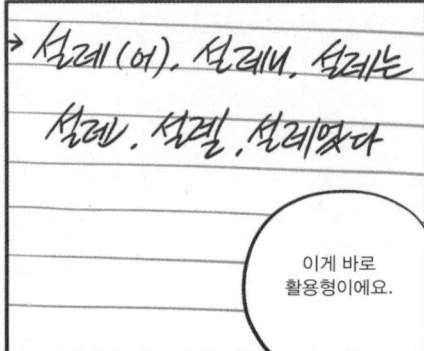

척하다 / 체하다

아는 척도 해 봤고
모르는 체도 해 봤다.

때로는 잘난 척도
했을 것이다.

척하고 체하는 건
그렇지 못하기 때문에
하는 것이니

과하지만 않다면
귀엽게 봐 줄 만하고
하는 사람 또한
재미로 여길 만하다.

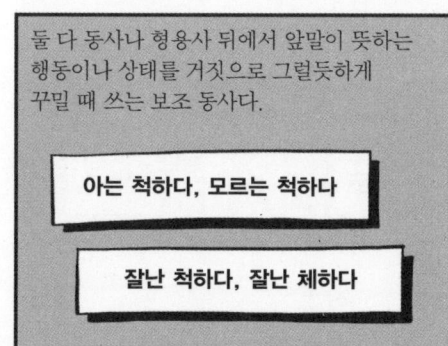

둘 다 동사나 형용사 뒤에서 앞말이 뜻하는 행동이나 상태를 거짓으로 그럴듯하게 꾸밀 때 쓰는 보조 동사다.

아는 척하다, 모르는 척하다

잘난 척하다, 잘난 체하다

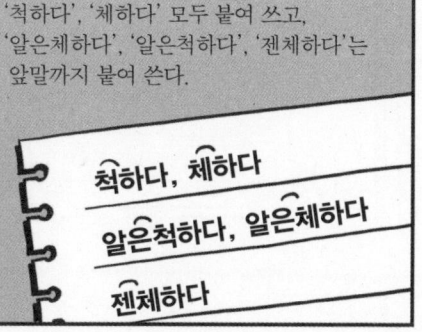

'척하다', '체하다' 모두 붙여 쓰고,
'알은체하다', '알은척하다', '젠체하다'는
앞말까지 붙여 쓴다.

척하다, 체하다
알은척하다, 알은체하다
젠체하다

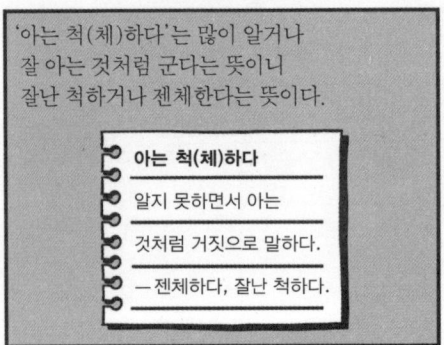

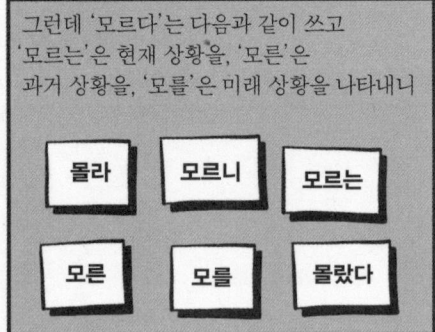

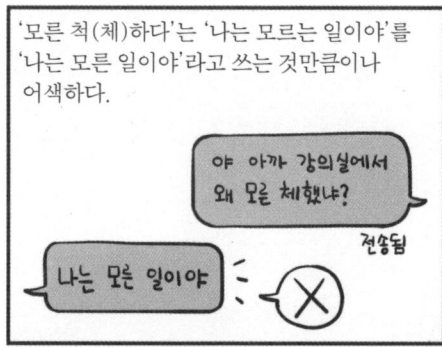

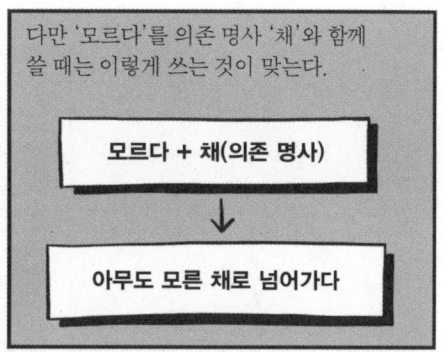

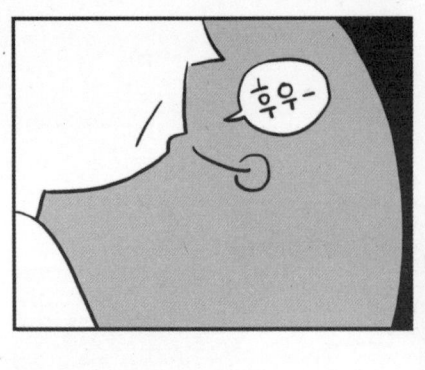

빨다 / 빨다리다

빨래는 빨아서 꼭 짠 뒤에 널고 마르면 걷어서 다린다.

빠는 게 먼저고 짜는 게 다음이며 빨랫줄에 너는 게 그다음이고 말라서 물기가 사라지면 걷고 다리는 게 마지막이다.

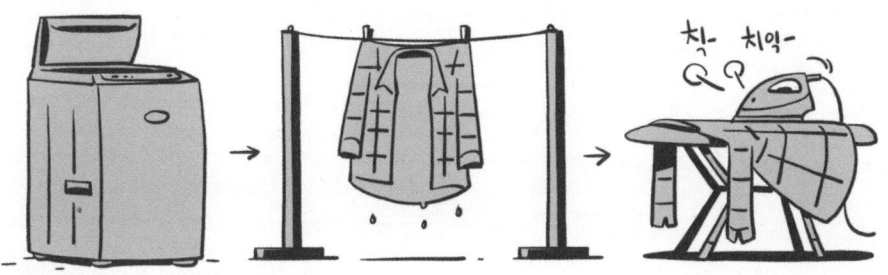

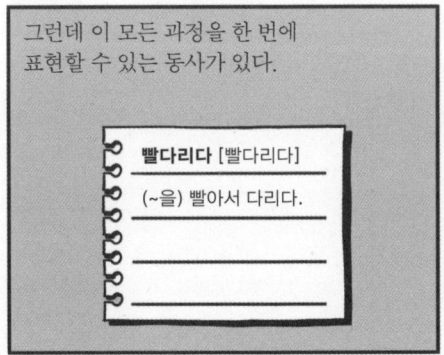

그런데 이 모든 과정을 한 번에 표현할 수 있는 동사가 있다.

빨다리다 [빨다리다]

(~을) 빨아서 다리다.

이렇게 쓸 수 있겠다.

새로 빨다린 옷을 입고 나오니 기분이 상쾌하다.

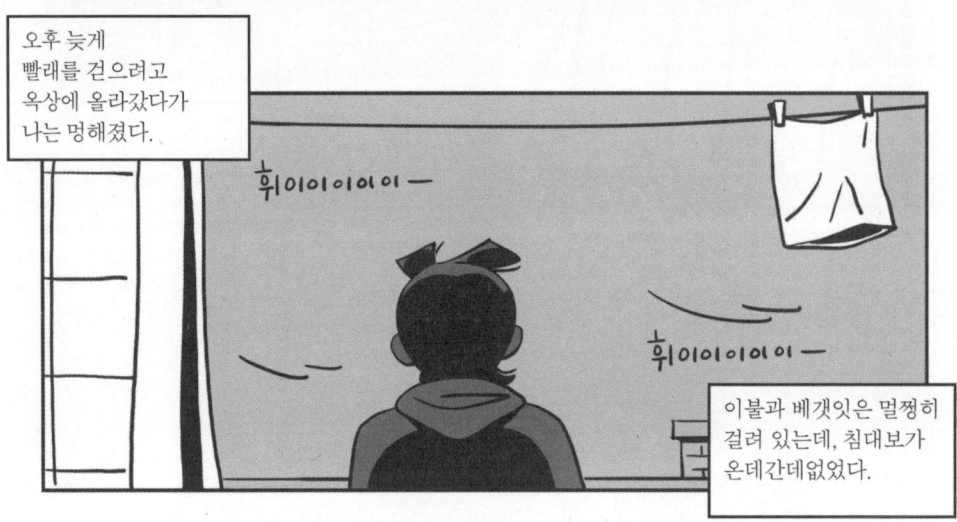

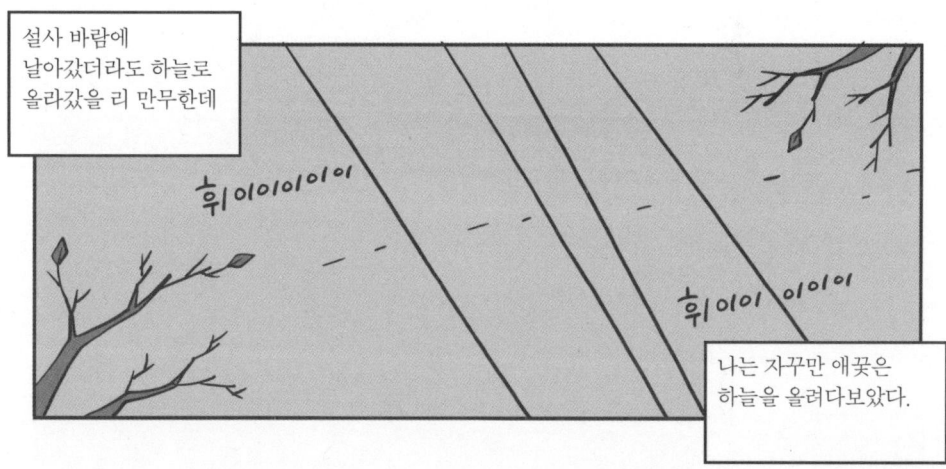

우짖다 / 울부짖다

새가 울며 지저귈 때 또는 사람이나 동물이 울며 부르짖을 때 우짖는다고 하고

감정이 격하여 마구 울면서 큰 소리를 내거나 바람이나 파도 따위가 세차게 큰 소리를 낼 때 울부짖는다고 한다.

우짖다 [우짇따]
활용형: 우짖어, 우짖으니, 우짖으면, 우짖는, 우짖은, 우짖을, 우짖었다

울부짖다 [울부짇따]
활용형: 울부짖어, 울부짖으니, 울부짖으면, 울부짖는, 울부짖은, 울부짖을, 울부짖었다

'지저귀다'를 떠올리며 다음과 같이 쓰면 어법에 맞지 않는다.

- 우지져
- 우지진
- 울부지져
- 울부지진

'짖'은 꼭 받침까지 다 써 줘야 한다.

- 우짖어
- 우짖은
- 울부짖어
- 울부짖은

혈액암을 앓던 분이다.

집에서 삶을 마감하겠다는 건 아마도 할머니의 고집이었으리라.

할머니는 동네 터줏대감 같은 분이었지만

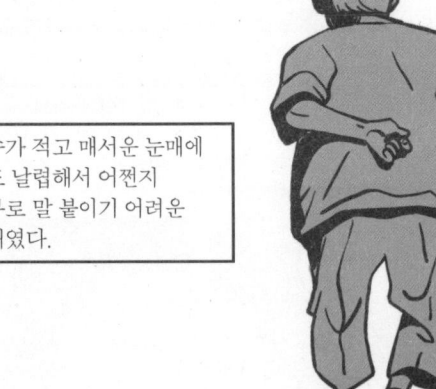

인자해 보이거나 오지랖 넓게 이 집 저 집 궂은일을 거들어 주는 편은 아니었다.

말수가 적고 매서운 눈매에 몸도 날렵해서 어쩐지 함부로 말 붙이기 어려운 상대였다.

집을 나설 때마다 골목 이쪽저쪽을 그 매서운 눈매로 스윽 일별할 때면 마치 사감 선생님처럼 보이기도 했다.

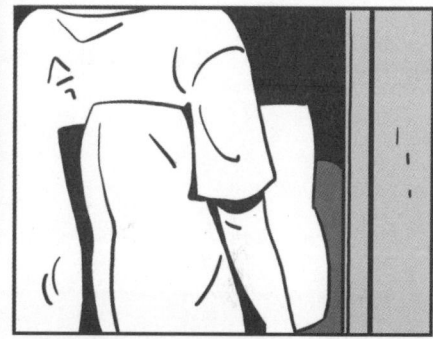

치다 / -치다

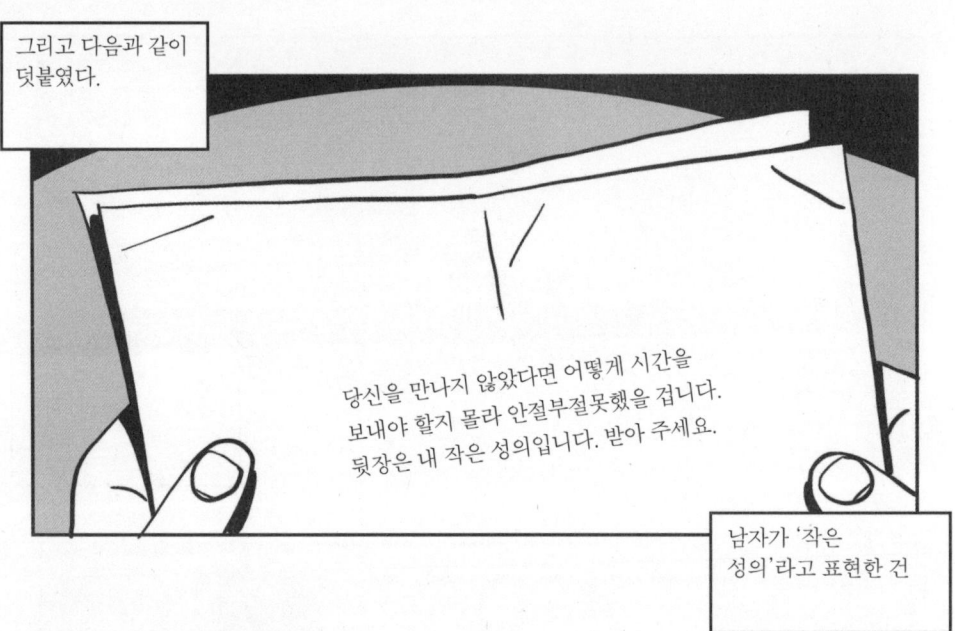

명사에 '-치다'가 붙어
동사가 된 낱말들이었다.

가동이치다, 간나위치다, 거장치다, 격치다, 겸치다, 겹치다, 경치다, 고동치다, 고함치다, 곤두박이치다, 곤두박질치다, 곱치다, 공갈치다, 공치다, 굽이치다, 내동댕이치다, 농치다, 능갈치다, 달음박질치다, 닭치다, 덧게비치다, 도련치다, 도망질치다, 도망치다, 독장치다, 돈치다, 동댕이치다, 둔치다, 뒤재주치다, 뒤통수치다, 뒷걸음치다, 뒷북치다, 등치다, 땡땡이치다, 맞장구치다, 맴돌이치다, 메아리치다, 면치다, 몸부림치다, 몸서리치다, 물결치다, 물장구치다, 물탕치다, 벽치다, 비사치다, 비틀걸음치다, 빗발치다, 뺑소니치다, 뺨치다, 삭치다, 살줄치다, 석치다, 선소리치다, 설레발치다, 소리치다, 소용돌이치다, 손치다, 순치다, 아우성치다, 악장치다, 야단치다, 어림치다, 여울치다, 요동치다, 용솟음치다, 장난치다, 점치다, 조바심치다, 줄달음치다, 줄행랑치다, 질탕치다, 큰소리치다, 탕치다, 파도치다, 판치다, 패대기치다, 평다리치다, 평미리치다, 한통치다, 합수치다, 합치다, 해치다, 헛걸음치다, 헤엄치다, 호통치다, 홰치다, 회오리치다, 흙탕치다

희뜩거리다 / 희번덕거리다

'희뜩거리다'의 뜻풀이는 이렇다.

희뜩거리다 [히뜩꺼리다]
❶ 갑자기 몸을 뒤로 젖히며 자꾸 자빠지다.
❷ 갑자기 얼굴을 돌리며 슬쩍슬쩍 자꾸 돌아보다.
❸ 현기증이 나서 기절할 듯이 매우 심하게 어지러워지다.
❹ 다른 빛깔 속에 흰 빛깔이 군데군데 뒤섞이어 보이다.

그런가 하면 '희번덕거리다'의 뜻풀이는 이렇다.

희번덕거리다 [히번덕꺼리다]
❶ 눈을 크게 뜨고 흰자위를 자꾸 번득이며 움직이다. 또는 그렇게 되게 하다.
❷ 물고기 따위가 몸을 젖히며 자꾸 번득이다.

가령 어두운 밤 창밖에 눈이 내릴 때는 어둠 속에서 눈이 희뜩거리는 것이고,

물속에서 물고기들이 비늘을 번득이며 이리저리 뒤치는 것은 희번덕거리는 것이다.

이제 나도 도서관을
떠날 때가 된 것 같다.

끝

원작자의 말
만화의 맛

출판사로부터, 어느 젊은 만화가가 『동사의 맛』을 만화로
그려 보겠다며 샘플 만화까지 보내왔다는 내용의 메일을
받은 건 2016년 1월이었다. 그때 나는 어머니가 입원해
있는 병실 보조 침대에 누워 좀처럼 오지 않는 잠을
억지로 청하고 있었다. 오랜 간병 생활에서 벗어나 독립을
하겠다며 지금 살고 있는 방을 막 구해 놓은 차에 느닷없이
병실 생활을 다시 하게 된 터인 데다, 이런저런 검사 결과를
기다리고 있던 차여서 이래저래 심란할 수밖에 없을
때였다.
그렇게 무거운 몸과 어지러운 마음을 보조 침대에 누이고
휴대 전화로 메일을 확인한 뒤에 첨부된 파일까지 열어
보았다. 실제로 샘플 만화가 들어 있었다. 양은 얼마
안 되었지만 보는 순간, 뭐랄까 마음이 따뜻해졌다고나
할까. 무엇보다 그림이 마음에 들었다. 과장 없이 둥글게
이어지며 속 깊은 표정까지 넉넉히 표현해 내는 그림.

게다가 화자인 내가 오십 대 여성으로 그려져 있었다!
응급으로 입원해서 열흘 넘게 병실 생활을 하고 있을
때였는데, 아마 그때 처음으로 웃었지 싶다. 이런 게 그림의
힘이겠구나 생각했다. 시간의 구애를 받지 않고 단번에
전체를 보여 주는 힘. 구구절절이 묘사하고 설명해야
하는 문장으로는 도저히 구현해 낼 수 없는 매력이리라.
'만화의 맛'이랄까. 물론 그림 그리는 사람들 입장에서는
거꾸로 문장이 갖는 힘과 매력을 마냥 부러워할 수도
있겠지만 말이다.

아무튼 그렇게 웃은 게 내 반응의 처음이자 마지막이었다.
더 이상 뺄 것도 보탤 것도 없는 마음. 원작자라고 이런저런
참견할 생각일랑 하지 말자. 나는 그저 이야기를 빌려
주었을 뿐 이건 온전히 만화가의 작품이다. 그러니 나를
여성으로 그렸든 아이로 그렸든 그건 그림을 그리는 작가의
선택 사항일 뿐이다.

그 뒤로 만화가를 몇 번 만나 이런저런 이야기를 나눌
기회가 있었다. 자연스럽게 그 자리가 작업에 필요한
정보를 얻기 위한 인터뷰 자리가 되기도 했고, 그저 저녁을
같이하면서 수다를 떠는 자리가 되기도 했다. 즐거웠다.
그의 그림을 처음 봤을 때처럼. 내가 더 떠들고 더 웃고

했지 싶다. 당신은 모르겠지만, 당신이 그린 그림이
우울해하던 나를 웃게 만들었노라고 말하지는 않았다.
하지만 그렇게 웃고 떠들면서 간접적으로 전달하려고
애쓰긴 했다.
이제 그 그림들이 모여 책 한 권이 되었다. 나로서는
내가 쓴 '동사의 맛'과는 별개의 또 다른 '동사의 맛'을
보는 느낌이다. 당연하다. 이 책은 김정선의 '동사의 맛'이
아니라 김영화의 '동사의 맛'이니까.
부디 내 책과의 만남이 젊은 만화가의 작품 생활에 좋은
변화를 가져다주기를 바랄 뿐이다.

김정선

만화 동사의 맛
: 이야기그림으로 배우고 익히는 우리말 움직씨

2017년 7월 4일   초판 1쇄 발행
2024년 1월 4일   초판 2쇄 발행

지은이　　**원작자**
김영화　　　김정선

펴낸이　　**펴낸곳**　　　**등록**
조성웅　　　도서출판 유유　제406-2010-000032호(2010년 4월 2일)

주소
경기도 파주시 돌곶이길 180-38, 2층 (우편번호 10881)

전화　　　　　**팩스**　　　　　　**홈페이지**　　　　**전자우편**
031-946-6869　　0303-3444-4645　　uupress.co.kr　　uupress@gmail.com

페이스북　　　　　　　　　　　**트위터**
www.facebook.com/uupress　　www.twitter.com/uu_press

편집　　　　　**디자인**　　　　**마케팅**
전은재　　　　　이기준　　　　　전민영

제작　　　　　**인쇄**　　　　　**제책**　　　　　　**물류**
제이오　　　　　(주)민언프린텍　　다온바인텍　　　　책과일터

ISBN 979-11-85152-66-0 03710